Max und Moritz
af Bairisch

vom Schwoazfischer Klaus

Siem schtoake Schtickl
nach Wilhelm Busch

Max und Moritz af Bairisch

vom Schwoazfischer Klaus

Siem schtoake Schtickl
nach Wilhelm Busch

Bibliografische Information der Deutschen Nationalbibliothek

Die Deutsche Nationalbibliothek verzeichnet diese Publikation in der Deutschen Nationalbibliografie; detaillierte bibliografische Daten sind im Internet über http://dnb.dnb.de abrufbar.

ISBN 978-3-95587-831-3

MIX
Papier aus verantwortungsvollen Quellen
FSC® C014138
FSC
www.fsc.org

Für uns, die Battenberg Gietl Verlag GmbH mit all ihren Imprint-Verlagen, ist Nachhaltigkeit ein wichtiger Teil unserer Unternehmensphilosophie. Daher achten wir bei allen unseren Produkten auf den Einsatz umweltschonender Ressourcen und Materialien.
Dieses Buch wurde auf FSC®-zertifiziertem Papier gedruckt. FSC (Forest Stewardship Council®) ist eine nicht staatliche, gemeinnützige Organisation, die sich für die verantwortungsvolle und ökologische Nutzung der Wälder unserer Erde einsetzt.

Unsere Partnerdruckerei kann zudem für den gesamten Herstellungsprozess nachfolgende Zertifikate vorweisen:
- Zertifizierung für FOGRA PSO
- Zertifizierungssystem FSC®
- Leitlinien zur klimaneutralen Produktion (Carbon Footprint)
- Zertifizierung EcoVadis (die Methodik besteht aus 21 Kriterien in den Bereichen Umwelt, Einhaltung menschlicher Rechte und Ethik)
- Zertifikat zum Energieverbrauch aus 100 % erneuerbaren Quellen
- Teilnahme am Projekt „Grünes Unternehmen“ zum Schutz von Naturressourcen und der menschlichen Gesundheit

Zeichungen: Wilhelm Busch
Text: Klaus Schwarzfischer, www.schwafi.com

2. Auflage 2024
ISBN 978-3-95587-831-3

www.battenberg-gietl.de

Inhalt

Voawoat

Ma heat und lest ja oft vo Kinder,
de beis san und vo Haus aus schpinner.
Zwoa ganz Obdrahde, weads glei seng,
des san Max und Moritz gwen.

De af nix und neamand hean,
ned lerner wölln, nie gscheider wean.
Se iwa alles lustig mocher
und saufrech s ganze Dorf auslocher.
An jeder Hinterfotzigkeit
ham de Buam de heigste Freid.
D Leid verbledln, Viecher quöln,
Epfl, Birn und Zwätschgn schtöhln.
Des is frale scho vül schener
und natürlich a bequemer,
wia wenn ma sche brav afm Schtuhl
sitzt in der Keacher und da Schul.

Weih oh weih, oh wei oh wei
am End holts erer Bosheit ei.
Dass jeder woaß und guad verschteht,
warums er schpeder dreggerd geht,
is alles gmalt und afgschriem woan.
Eitz owa erscht amol vo voan:

1. D Witwe Bolte

Hener mocher rächt vül Meih,
da Gockl kraht in aller Freih.
Ma duad se so wos erschtns o,
wal ma Oier braucher ko.
Zwoatns wal a Hendl schmeckt,
wenn mas in an Ofer schteckt.
Drittns gfreid ma se an jeder
Hener- oder Gocklfeder,
de ma ins Bedl schtopfer ko,
na kimmt eam d Költn wenger o.

S Woame liaber wia des Kolte
mog a de olte Witwe Bolte.

In ihrerm Goatn segst drei Henner
und an schtolzn Gockl renner.

Max und Moritz denger se,
a weng a Gaude war eitz sche.
Oans, zwoa, drei, scho kemmas draf:
Sie schnein a Brot fia d Vegl af.

Siem, sechs, fümf, ma braucht ned mehr,
vier kloane Schtickl richtns her.

An festn Fohn hams, wia ma segt,
greizweis iwan Bodn verlegt.
A Brot hams vorher onebundn,
danoch sans meiserlschtad verschwundn.

Da Gockl hod des Fressn gseng,
schreit: „Brotzeit! Schluss mid Oier leng!“
Gaggeriga und giggerigi
renner d Henner zu eam hi.

D Vegl ham vor Freid und Hunger
alles ganz schnöll owegschlunger.

Scho kimmt koaner mehr davo.
Sie henger an de Zwirnsfahn dro.

Reißn hi und reißn her,
renner greiz und renner quer.

Schlong mid de Fliegl, fliang in d Hei.
Hülft alles nix, oh mei, oh mei.

Warum dass nimmer owa kemma?
Am Ost vom Opflbam bleims henger.
De Henergrang wean lang und lenger,
s Gaggern weng und awl wenger.

Schnöll legt jede no a Oa,
scho is mit alle Viere goa.

D Witwe Bolte drin im Zimmer
head vom Goatn her wen Wimmern.

„Wos is denn des?“, hod sa se denkt,
bis segt, wer draußt im Bam drin hengt.

„Rinn owe, Wosser, aus de Aung!
Wos i sech, i konns ned glaubn.
Mei Lebn, mei Glick, mei greiste Freid
is afghengt woan vo beise Leid.“

Sie kon de Wölt nimmer verschteh,
fragt se: „Wia solls weider geh?“
An Zwirn hods obgschnien, dass ned lenger
im Opflbam vier Viecher henger.

Sie geht zruck ins Haus, wals woaner
muaß und mecht. Bloß seng solls koaner.

S erschte Schtickl is vorbei,
owa s zwoate kimmt eitz glei.

2. D Witwe Bolte

Lang is da Witwe ned guad ganger,
dann hod sa se sche langsam gfanger.
Sie denkt a wengerl driwa noch
und kimmt draf, dass des dann doch
– wal se d Hener gfreier dadn,
wenns no fia wos zum braucher warn –
am meistn Sinn fia alle mocherd,
wenn mas brodert oder kocherd.
Frale hod ihr s Herz weih do,
wal de vier Vegl gestern no
voller Freid im Sand gschoat ham
und heid liengs mausdod alle zam
– da Witwe Bolte gibts an Schtich –
grupft und nockert in da Kich.

Wieder fangts zum woaner o.
Da Schpitz schteht mid am Ofer dro.

Max und Moritz kriang des mid
und langsam scho an Appetit.

Sie schauer owe in Kamin.
Drunt sengs brone Hendln in
der Pfanner, britzl brutzl, drin
als billigs Mittogessn lieng.

D Witwe Bolte geht und schaut
in Keller um a Sauerkraut.

Sie mocht an ganzn Daler voll
und gfreit se endlich wieder Mol.
Vielleicht konns bei am guadn Essen
de ganze Schlechtigkeit vergessen.

Om rinnt er s Wosser zamm im Mund,
wals so guad affeschmeckt vo unt.

A Hackerl lasst der Max sche schtad
owe an da Anglgatt.

Scho hengt des erschte Hendl dro.
Dem zwoatn gehts genau aso.

Des wird a glei affe gholt,
dann des dritte und scho bold
hams as letzte außergfischt.
Alle hams es eitz dawischt.
Da Schpitz segt alles ganz genau
und ballt a weng: wuff wuff, wau wau.

Max und Moritz renner scho
d Loiter owe und davo,

hupfer driwa iwa d Mauer,
„Do wird de olte Bolte schauer!"
De heids fast iwadiwa ghaut,
wias auf ihrern Ofer schaut.

In der Pfann is nix zum seng.
„Schpitz, du Hund! Bist du des gwen?

Alles gfressn, alles gschtohln,
Schpitz, di soll da Deifl holn!“

Sie nimmt an langer Leffl und
schlagt damit den oamer Hund.
Der winslt, wal er kon ned song:
„I bins ned gwen, mi deafst ned schlong.“

De andern Zwoa ham se vaschteckt,
alles zambutzt, niederglegt.
Guad hods gschmeckt, grod zvül is gwen.
A Haxl hengt no in de Zehn.

S zwoate Schtickl is vorbei,
owa s dritte kimmt eitz glei.

3. Da Schneider Böck

Da Böck is bei de Leid bekannt,
er flickt und naht und schneidert Gwandt.

Trachtnjanker, Werderhosn,
Kleidln, Reck mit gschtickte Rosn,
Jobbn mit bequeme Daschn,
woame Mantl und Gamaschn.
Da Böck, der kon mit seine Fahn
des und söl und sunst wos nahn.
Wenn irgendäpps zum flicker is,
a Triangl, a Loch, a Rieß,
da Knopf scho hoiwad owehengt,
da Reißverschluss a wengl klemmt,
schwoaz und weiß und grau und bunt,
hint und vorn und om und unt:
Alles richt der Böck dir gwis,
wal er a Schneidermoaster is.
Fias Dorf is guad, dass so oan gibt.
Alle ham nan braucht und gmigt.
Bloß Max und Moritz wölln wos finer,
wias an Schneider afziang kinner.

Vor da kloaner Schneiderei
rauscht a Boch an ihr vorbei.

Driwa fiat aus Holz a Bruck,
dass ma umme kimmt und zruck.

Max und Moritz schtenger frech
afn Schteg mid ana Sech.
Des is wieder erer Weda,
heimlich saglns an de Breder.

Dann hams so, dass jeder head
zum Schneidermoaster ummeblärt:
„Dei Frau a Goas und du da Böck,
Schneider, Schneider, meck meck meck!“

Da Schneider is a ruhiger Mo,
den ned so schnöll wos afreng ko.
Owa wos er draußn head,
schtinkt eam, wal se des ned ghead.

„Woats no!“ Er schpringt af und rennt
mid am Schtäcker in da Hend
auße, wüll de zwoa daschrecker,
de nan no allerwal dablecker.

Laft afn Schteg, erscht knacksts und dann:
Krabums! De ganze Bruck bricht zamm.

Wieder schreiers: „Meck meck meck!“
Blatsch! Scho is da Schneider weg.

Der daucht diaf ins Wosser ei.
Do schwimmer Gens an eam vorbei.

Da Schneider mächt no ned dadringer,
denkt: Ament kannt des wos bringer,

wenna se mit seine Hend
an d Fiaß vo de zwoa Ganserl hengt.

De flattern af und fliang davo.
Untn hengt da Schneider dro.

Des is no ned alles gwen.
Hoat is so a Schneider-Lebn.

Kolts Wosser, Gschroa und Saglerei;
da Mong duad eam eitz a no weih.

Goa ned gnua, des deaf ma song,
kon ma d Frau vom Schneider lobn.

De nimmts Begleisn und
druckts eam in Bauch. Scho is er gsund.

Im Dorf hams alle driwa gredt:
„Schee, dass eam wieder besser geht."

S dritte Schtickl is vorbei,
owa s vierte kimmt eitz glei.

4. Da Lehrer Lämpl

Da Mensch muaß lerner und er sollt
in d Schul geh – a wenns eam ned gfollt.
Wal ned bloß des A B C
deaft da junge Mensch verschteh.
Ned bloß vom Lesn und vom Schreim
sollt a weng wos henger bleim.
Ned bloß äpps vom Dividiern
sollt er irgendwann kapiern.
Dass er mid Freid wos lernt fias Lebn,
do dafia dads Lehrer gebn.

Wenn Kinder gscheid und gscheider wean,
des segt da Lehrer Lämpl gean.

Max und Moritz is des z bled.
Sie kinner nix und leaner ned.
Leid drangsaliern – des kinners scho.
Glei kimmt da Lehrer Lämpl dro.

Der hod, wal ers mog und braucht,
ab und zu a Pfeifer graucht,
wos ma eam ja gern vergunnt,
wal er rächt vül oawat und,
wenna se derholt davo,
zint er gern sei Pfeifer o.

Max und Moritz gfreier se,
scho wieder hams a Pfundsidee:
Sie wölln am Lämpl zum Daschrecker
wos Kracherts in sei Pfeifer schtecker.

Sunndog wirds, und alle renner,
dass ja ned tschbed in Keacher kemma,
wal dort da Lämpl mit vül Gfühl
Liadln auf da Orgl schpült.

Des nutzn Max und Moritz aus,
schleicher heimlich in sei Haus,
schauer frech in alle Zimmer
bis sei Meerschaumpfeifer finner.

Da Moritz holt a kloane Flaschn
voll Flintnbulver aus der Daschn.
Er schtopft schtatt Tabak, oans zwoa drei,
Bulver voan in Pfeifer ei.
Glockn leitn, d Mess is aus.
Scho schleichers wieder ausm Haus.

Da Lehrer muaß no Dia zuaschperrn,
dann mächt er nix mehr seng und hean.

S Orglschpüln kost mords a Kraft.
Da Organist is ganz sche gschafft.

Mid de Notn unterm Oam
lafft da Lehrer Lämpl hoam.

Im Zimmer zint der brave Mo
se zfriedn sei Tabakspfeifer o.

„Wos wüllst mehr, a Tog wia heid“,
sagt er, „is de heichste Freid.“

Päng! – Hods eam sei Pfeifer zrissn.
Rumms! – Hodsn iwan Haffer gschmissn.
Kaffeedegl, Tintnfassl,
Tabaksdosn, Wosserglasl,
Disch und sunst no allerhand
fliang in da Schtubn drin ummernand.

Erscht wia se da Nebl hebt,
sägt ma: Er hods überlebt,
und wohi des Ganze fiaht,
wenn a Pfeifer explodiert:

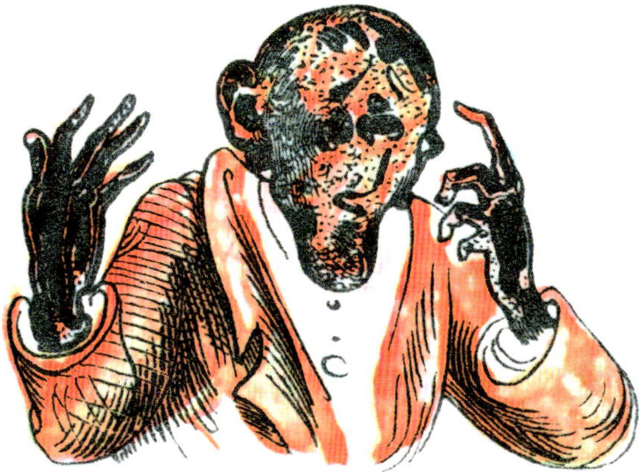

Nosn, Oan und Gsicht und Hend
hod da Bulverdampf verbrennt.
Wal eam alle Hoa verschmoan,
is er a no blodderd woan.

Wer soll eitz de Kinder no
– wenns da Lämpl nimmer ko –
wos gscheids lerner, dass wos kinner?
So oan wird ma kam mehr finner.
Mit wos soll unser Lehrer raucher?
Sei Pfeifer konn er nimmer braucher.

Alles wird scho wieder, sched
de schene Tabakspfeifer ned.

S vierte Schtickl is vorbei,
owa s fümfte kimmt eitz glei.

5. Da Onkl Fritz

Wenn irgendäpperd in der Schtod
oder am Dorf an Onkl hod,
sollt er brav sa oder wean,
wal des mog a Onkl gean.
Dass ma „Guad Moang“ sagt in da Friah
und nachfragt, ob ma vielleicht fia
eam a Zeitung oder sunst wos bringer
sollt – und tragts eam af sei Zimmer.
Oder dass sei Bugl juckt,
oder dass er se verschluckt,
oder wenns na druckt und zwickt,
dass ma fragt, an wos dass liegt.
Nimmt er vom Schnupftabak a Pries
und verziagts eam desweng s Gfries,
bevor er „Hatschi!“ niassn muaß,
sagt ma „Prost!“ und „Scheener Gruaß“.
Woara draußt und kimmt ins Haus,
ziagt ma eam de Schtiefl aus.
Dann wean eam Bantoffl brocht,
dass mas eam rächt gmiatlich mocht.
Alles dad ma sowieso
fia sein liabn Onkl do.

Max und Moritz gfollt des wenger.
Wenns an earern Onkl denger,
follt de zwo nix bessers ei
wira a verreckte Lumperei.

Jeder Mensch woaß, so a Mai-
käfer fliagt in Bamer ei.
Krabblt gern drin hi und her,
affe, owe, greiz und quer.

Da Max sagt: „Moritz, kimm, mia dammer oi owabeidln und na fanger.“

Zwoa kloane Rogln hams dabei,
do schpeans de Krabblviecher ei.

Weg damit ins Bett, ins Eck
untern Onkl Fritz sei Deck!

Da Onkl Fritz is heid rächt miad
und moant, dass er guad schloffer wiad.

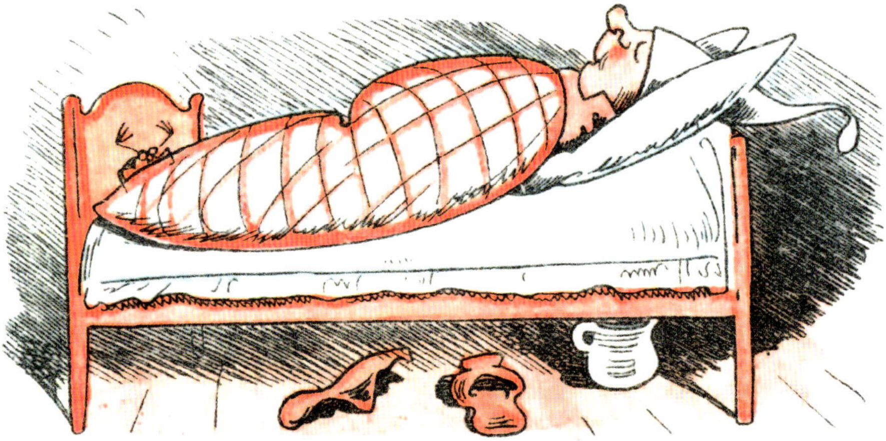

Schliaft mit da Schlofhaum unter sei
Deck und schnoacht dort sofort ei.

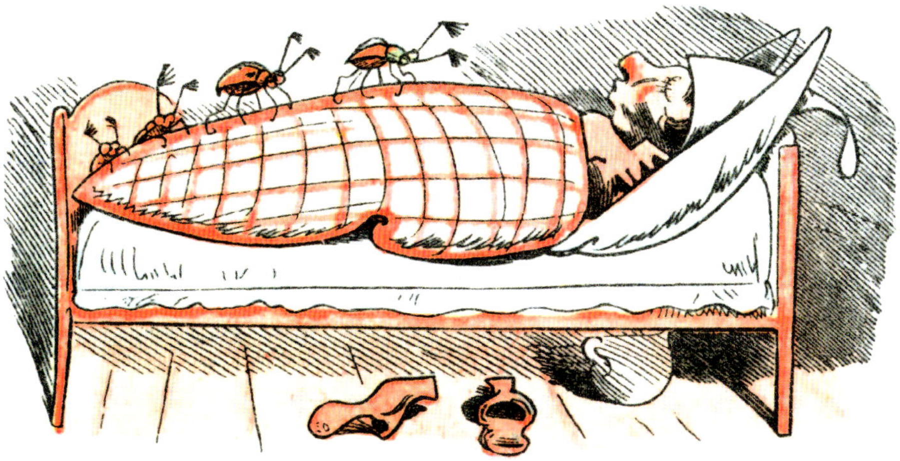

Kriwawerl und Krawiwerl, iwa
sei Zuadeck kriacher Käfer driwa.

Oaner packt na bei da langer
Nosn – au! – mit seiner Zanger.

„Hö", schreit da Fritz, „du Kä, du Fer,
wos mochst du do, wo kimmst du her?"

Na merkt er, s ganze Bett is voll
Käfer. Käfer iberoll!

Ah! Scho zwickt der näxte Drack
eam in Haxn und ins Gnack.

Links und rächts, rundummerdum
fliangs um eam umme, summ summ summ.

De unt derdatscht er und de obn
kona mit seim Schuah derschlong.

S Schenste an da Krabblerei
is, wenns aus is und vorbei.

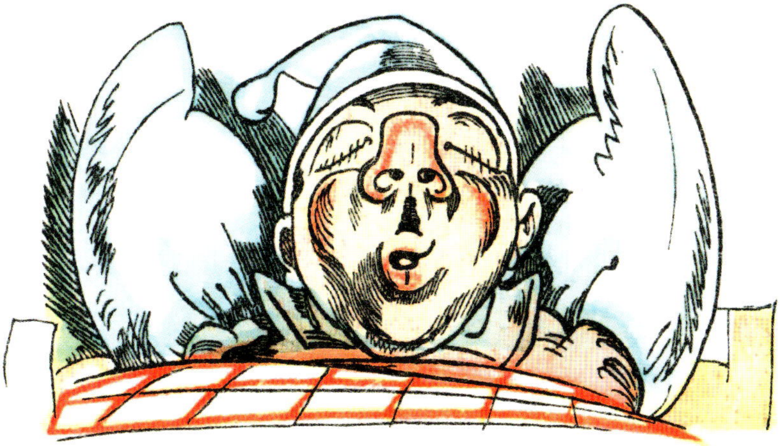

Fritz, schlof guad! Eitz host dei Ruah!
Am Onkl folln de Aigerl zua.

S fümfte Schtickl is vorbei,
owa s segste kimmt eitz glei.

6. Da Becker

Vor Ostern, no is Fastnzeit,
backt der Becker scho fia d Leid
– fast konns koaner mehr dawoatn –
Kuacher, Kiachl, Schtriezl, Doatn.
Max und Moritz wird des tschped,
woatn wöllns und kinners ned.

Da Becker hod, so wia ses ghead,
noch Feieromd sei Dia zuagschpead.

Wollt wer wos aus da Backschtubn schtöhln,
der miaßt se durchn Rauchfang quöln.

Max und Moritz ham des do.
Kohlschwoaz kemmas untn o.

Plompf! bleims in da Kistn drin
im Möhl vom Beckermoaster lieng.

Weiß wira Kreim sans hint und voan,
obn und unt vom Möhlschtaub woan.

Ui, Hipp Hipp Hurra und Jessas.
Brezn! Na, es gibt nix bessers!

Knacks! Da Schtuhl bricht ausernand.

Schwopf! Sans woach im Doach drin glandt.

Des zache Zeig babbt iberoll
an er dro und af amol

is – oh leck – da Becker kemmer.
Wenn alles zambickt, konnst ned renner.

Da Becker moant: Mei, in da Not
daung de zwoa scho fira Brot.

In hoaßn Ofer – weih, oh weih –
schiabta de Buam zum Bacher ei.

Nacher ziagtas aus der Gluat.
Dunklbrau: so schmeckers guad.

Alle glaubn, dass des scho woa,
owa es is no ned goa!

De hoiwad Krustn fressns zamm,
wals lange Zehn und Hunger ham.

Da Beckermoaster, ganz derkemmer,
segts no aus der Backschtubn renner.

S segste Schtickl is vorbei,
owa s letzte kimmt eitz glei.

7. Da Bauer

Fia Max und Moritz, de zwoa Noan,
wirds hint glei heier wean wia voan.

Warum bloß gebn de Buam ned noch?
In jedn Kornsog schneins a Loch.

Der Bauer kimmt wia jeden Dog
in d Kammer ei und wüll an Sog

auße drong, er hebt oan o,
scho rinnt eam s ganze Korn davo.

„Gruzefümferl“, fluacht er, „wos
is mit dene Seck bloß los?

Wer hod des do? Wer is des gwen?“
Na hoda Max und Moritz gseng.

De Lumpn san a ächte Plog.
Rabsch! Er schauflts in an Sog.

Eitz wirds eng. Do brauchst ned frong.
Glei weans zum Müllner ummetrong.

„He Müllner, dua ma doch an Gfolln!
Konnst ma des Glump do ned schnöll mohln?

Der schitt de frechn Fratzn glei
ausm Sog in Trichter ei.

In der Mühl drin, krick und krack,
krachts und scheberts. Knick und knack.

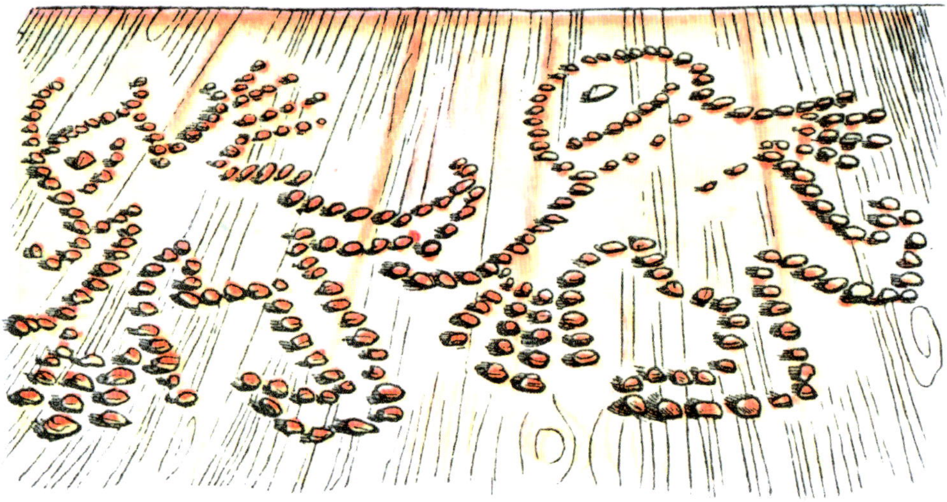

Rächt vül is ned iber bliem.
A boa Keandln segst no lieng.

Sogoa de Keandln konnst vergessn,
zwoa Antn hams glei zammergfressn.

WBusch

Schluss

Söltn is im Dorf um oan
wenger gwoant und trauert woan.
D Witwe Bolte nickt a weng
und sagt: „Des howe kemmer seng."
„Ja ja", möld se da Moaster Böck,
„Endlich san de Saubuam weg."
Glei draf mahnt der Lehrer Lämpl:
„Des daugt als wunderbars Exempl."
„Frale", moant da Zuckerbecker,
„kon ned jeder awl schläcker."
Dann schimpft da guade Onkl Fritz:
„Des kimmt vo dene gschertn Witz!"
Am Bauern gehts genau aso,
der denkt se: „Wos geht mi des o?"
Koan Menschn duan de Fratzn leid.
De meistn ham se sogoa gfreit:
„Gott sei Dank! Eitz is vorbei
mit derer Hoderlumperei."

Übersetzungshilfen

Voawoat
heat = hört, beis = böse, san = sind, schpinner = spinnen, Obdrahde/Odrahde = Gewiefte, weads = werdet ihr, seng = sehen, san = sind, gwen = gewesen, hean = hören, wean = werden, iwa = über, heigste Freid = höchste Freude, verbledln = für dumm verkaufen, Epfl = Äpfel, frale = freilich, Kiacher/Keacher/Kiach = Kirche, erer = ihre, woaß = weiß, schpeder = später, dreggerd = dreckig, afgschriem = aufgeschrieben, owa = aber, eitz = jetzt

1.
Hener = Huhn/Hühner, Meih = Mühe, Freih = Frühe, wal = weil, Oier/Oar = Eier, ko = kann, mas = man es, gfreid = freut, Bedl = Bettzeug/Zudecke, so kimmt eam d Költn wenger o = so macht einem die Kälte weniger aus, s Woame = die Wärme, Goatn = Garten, segst = siehst du, denger se = denken sich, a weng = ein wenig/ eine kleine, eitz = jetzt, sche = schön, kemmas draf = sie kommen drauf/etwas fällt ihnen ein, fia = für, Schtickl = Stück/ Stücke/ Stückchen, Fohn = Faden, segt = sieht, greizweis = kreuzweise, iwan = über den, onebundn = dran gebunden, meiserlschtad = mucksmäuschenstill, gseng = gesehen, Oier leng = Eier legen, eam = ihm, Freid = Freude, owe gschlunger = hinunter geschlungen, Zwirnsfahn = Zwirn/Fäden, schlong = schlagen, in d Hei = nach oben/in die Höhe, owa kemma = herunterkommen, Ost = Ast, Opflbam = Apfelbaum, bleims henger = bleiben sie hängen, Henergrang = Hühnerhälse/Hünerkrägen, awl = immer, Oa = Ei, is goa = ist es aus/vorbei, head = hört, Goatn = Garten, wen = jemanden, hod sa se = hat sie sich, dro = dran, owe = hinunter, sech = sehe, beise = böse, obgschnien = abgeschnitten, dass = damit sie, henger = hängen, wals = weil sie, mecht = möchte/will, Schtickl = (starkes) Stück/ungebührliche Tat/Ereignis, über das man den Kopf schüttelt

2.
ganger = gegangen, gfanger = erholt/wieder gefangen, driwa = darüber, gfreier = freuen, dadn = täten/würden, zum braucher = nützlich, brauchbar, warn = wären, mocherd = machen würde, brodert = braten würde, kocherd = kochen würde, frale = freilich, weih do = weh getan, no = noch, gschoat = gescharrt, nockert = nackt, Kich = Küche, dro = dran, owe = hinunter, schaut um a = sucht/holt etwas, Daler = Teller, om = oben, affeschmeckt = nach oben duftet, Hackerl = kleiner Haken, sche schtad = langsam/still/ruhig, owe = hinunter, Anglgatt = Angelrute, dawischt = erwischt, segt = sieht, ballt = bellt, Loiter = Leiter, hupfer = hüpfen, driwa = drüber, iwa = über, heids fas iwadiwaghaut = wäre fast umgekippt, Deifl = Teufel, wal = weil, song = sagen, deafst = darfst du, ned = nicht, schlong = schlagen, gwen = gewesen, alles zambutzt = restlos aufgegessen, grod = nur/bloß, Zehn = Zähne

3.
Leid = Leute, Gwandt = Kleidung, Werderhosn = Werktagshose, Jobbn = Weste/Jacke, Reck = Röcke, woam = warm, Fahn = Fäden, des und söl = dieses und jenes, hoiwerd = halb, owehengt = herunterhängt, om = oben, richt = richtet/repariert, ham = haben, na = ihn, an = den, gmigt = gemocht/gern gehabt, finer = finden, kinner = können, driwa = drüber, fiat = führt, umme = hinüber, mit ana Sech = mit einer Säge, saglns = sägen sie, danoch = danach, fangers = fangen sie, ererm= ihrem, Gschroa = Geschrei, Goas = Ziege, Mo = Mann, afreng = aufregen, head = hört, eam = ihm, wal = weil, ghead = gehört, woats no = wartet nur, Schtäcker = Stock, Stecken, Hend = Hand, auße = hinaus, daschrecker = erschrecken, no allerwal = noch immer, derblecker = ausspotten, diaf = tief, mächt = möchte, dadringer = ertrinken, ament = vieleicht, drickern = trocknen,

hoat = hart, Saglerei = Gesäge/Sägerei, duad = tut, eam = ihm, Mong = Magen, weih = weh, Begleisn = Bügeleisen, driwa = drüber, schee = schön, eam = ihm

4.
a = auch, eam = ihm, gfollt = gefällt, wal = weil, deaft = dürfte/sollte, henger bleim = hängen bleiben/in Erinnerung bleiben, äpps = etwas, Freid = Freude, wos = etwas, hods = hat es, an = den, ming = mögen, mocher = machen, glei = gleich, knepf ma uns = knöpfen wir uns, eam = ihm, vergunnt = gönnt, oawat = arbeitet, zint = zündet, Kiach/Kiacher/Keacher = Kirche, renner = laufen, kemmer = gekommen, ja ned = bestimmt nicht, finner = finden, leitn = läuten, heid = heute, woan = geworden, mords = sehr viel/mörderisch, seng = sehen, hean = hören, de heichste Freid = die größte Freude, Kaffeedegl = Kaffe-Topf/Tiegel, heid = hätte, ummernand = herum/kreuz und quer, Oan = Ohren, Hoa = Haare, bloddert = glatzköpfig, woan = geworden, kinner = können, sched = nur/bloß

5.
Irgendäpperd = irgendjemand, Schtod = Stadt, sa = sein, wean = werden, in da Friah = in der Frühe/ am Morgen, Bugl = Rücken/Buckel, na = ihn, a Pries = eine Prise, verziagts eam = verzieht es ihm, Gfries = Gesicht/Visage, wean brocht = werden gebracht, dad ma = täte man/würde man, earern = ihren, denger = denken, Bamer = Bäume, affe, = hinauf, owe = hinunter, mia dammer = wir tun, oi = welche/einige, owabeidln = herunterschütteln, fanger = fangen, Rogl = Papiertüte, schpeans = sperren sie, sans = sind sie, miad = müde, moant = meint, schloffer = schlafen, schliaft = schlüpft, iwa = über, driwa = drüber, Zanger = Zange, iberoll = überall, Haxn = Bein, Gnack = Genick, derdatschn = zertreten/tot treten, kona = kann er, derschlong = erschlagen, megst ned glaubn = man kann es nicht glauben, Aigerl = Äuglein

6.
Dawoatn = erwarten, Kiachl/Schtrietzel (bayrisches Schmalzgebäck), Doatn = Torte(n), tschped = zu spät, kinners = können sie, ghead = gehört, ham = haben, do = getan, Möhl = Mehl, Kreim = Kreide, sans = sind sie, ausernand = auseinander, Doach = Teig, zache = zähe, babbt = klebt, dro = dran, kemmer = gekommen, zambickt = zusammenklebt, backts = packt sie (nicht „backt sie“!), daugn = taugen, fira = für ein, hoaßn = heißen, zum Bacher = zum Backen, san = sind, Loa = Laib (Brot), woa = war, owa = aber, goa = aus/vorbei, Zehn = Zähne, derkemmer = erschrocken/überrascht, segt = sieht, renner = rennen

7.
Noan = Narren, wirds hint glei heier wean wia voan = es wird hinten gleich höher als vorne werden (bayerische Redewendung, wenn etwas gefährlich wird), Kornsog = Getreidesack, schneins = schneiden sie, Dog = Tag, Sog = Sack, auße drong = hinaustragen, er hebt na o = er hebt ihn an, Gruzefümferl = milder Fluch, dene = diesen, Seck = Säcke, gwen = gewesen, hoda = hat er, gseng = gesehen, Plog = Plage, Müllner = Müller, ummetrong = hinübertragen, Gfolln = Gefallen, ma = mir, Glump = unnützes, wertloses Zeug, mohln = mahlen, schitt = schüttet, iber/ibrig bliem = übrig geblieben, Keandln = Körner, Antn = Enten, zammergfressn = zusammengefressen

Schluss
Söltn = selten, gschtoam = gestorben, howe kemmer seng = habe ich kommen sehen, san = sind, frale = freilich, awl = immer, schläcker = schlecken, gschert = gemein/boshaft, dan = tun, ham se = haben sich, dene = diesen, gfreit = gefreut, Hoderlumperei = Haderlumperei (das Tun liederlicher Geschöpfe)